VENDEDOR

C.O.U.G.A.T.I
C.O.U.G.A.T.I
C.O.U.G.A.T.I

O vendedor mais cobiçado

VENDEDOR

.O.U.G.A.T.I
.O.U.G.A.T.I
.O.U.G.A.T.I

Copyright© 2018 by Literare Books International.
Todos os direitos desta edição são reservados à Literare Books International.

Presidente:
Mauricio Sita

Capa, projeto gráfico e diagramação:
Lucas Chagas

Revisão:
Daniel Muzitano

Diretora de Projetos:
Gleide Santos

Diretora de Operações:
Alessandra Ksenhuck

Diretora Executiva:
Julyana Rosa

Relacionamento com o cliente:
Claudia Pires

Impressão:
Epecê

Dados Internacionais de Catalogação na Publicação (CIP)
(Câmara Brasileira do Livro, SP, Brasil)

Alberto Júnior
  Vendedor C.O.U.G.A.T.I / Alberto Júnior. --
São Paulo : Literare Books International, 2018.

  ISBN 978-85-9455-089-7

  1. Administração de vendas 2. Clientes -
Satisfação 3. Sucesso em vendas 4. Vendas e
vendedores I. Título.

18-17176   CDD-658.85

Índices para catálogo sistemático:

1. Vendas e vendedores : Administração   658.85

Cibele Maria Dias - Bibliotecária - CRB-8/9427

Literare Books
Rua Antônio Augusto Covello, 472 – Vila Mariana – São Paulo, SP.
CEP 01550-060
Fone/fax: (0**11) 2659-0968
site: www.literarebooks.com.br
e-mail: contato@literarebooks.com.br

PREFÁCIO

Tirador de pedidos ou negociante?

Ao longo de minha jornada como "vendedor de sonhos impossíveis" aprendi a diferença entre um tirador de pedido e um *deal maker*, ou mais comumente conhecido como negociante.

O primeiro não tem nenhum comprometimento com o cliente ou a sua satisfação, ou com a entrega dos serviços, produtos ou promessas feitas no ato da venda, o segundo busca maximizar as oportunidades e fazer com que o resultado seja o melhor possível para os dois lados, criando a máxima do *win-win* ou ganha-ganha. *Deal makers* criam vínculos e sinergias de sucesso, abrindo e deixando portas abertas para o futuro.

Orgulho-me muito de todos os amigos e parceiros de negócios que tenho acumulado ao longo de minha trajetória, como *deal maker*.

Essas habilidades são hoje desenvolvidas por mim e meus colaboradores na Escola da Vida e podem ajudar a aperfeiçoar as capacidades de negociação. Iremos inclusive lançar o primeiro curso de formação de *deal makers* do mundo, com certificação das universidades do Grupo Ser Educacional, um dos cinco maiores grupos de educação do país, criado pelo meu sócio Janguie Diniz, o ex-engraxate que foi parar na lista da *Forbes*.

O livro do meu estimado amigo e mentorado Alberto fará parte integrante do conteúdo do nosso curso e constitui um primeiro passo para que você se torne um *deal maker* de sucesso.

Ricardo Bellino
Cofundador e *deal maker* do Grupo SOL Motivacional (School of Life)

SUMÁRIO

AGRADECIMENTOS	9
INTRODUÇÃO	11
CAPÍTULO C	15
CAPÍTULO O	33
CAPÍTULO U	49
CAPÍTULO G	57
CAPÍTULO A	67
CAPÍTULO T	73
CAPÍTULO I	81
DOAÇÃO INTEGRAL PARA O TIME	87
POTENCIALIZAR OS PONTOS FORTES	93
O LIMITE SERVE PARA SER SUPERADO	97
O DESGASTE REVITALIZA	103
MISSÃO DADA É MISSÃO CUMPRIDA	109
O TEMPO É SEU ALIADO	115
O SUCESSO VEM DEPOIS DA MISSÃO	119
CONCLUSÃO	123

VENDEDOR C.O.U.G.A.T.I.

AGRADECIMENTOS

Com o passar do tempo e com o conhecimento adquirido pelas experiências práticas, aprendemos que nem sempre um texto longo e exaustivo é melhor do que palavras simples, objetivas e sinceras.

Seguindo esta ideia, quero deixar aqui registrado o meu agradecimento:

— Primeiramente a Deus por me dar a chance de estar vivo e compartilhando o que de melhor pude aprender,

— À minha mãe, por ter me concebido e me criado com amor e carinho,

— À minha esposa Mariângela, tão maravilhosa e dedicada à nossa família e da sua enorme paciência em saber que a distância não separa quem se ama, já que o trabalho nos exige muito e nem sempre estou tão presente quanto gostaria,

— Às minhas amadas filhas: Carol, Sofia e Duda, que me fizeram amadurecer muito, cada uma à sua maneira,

— Aos meus colegas destes últimos 25 anos de trabalho em vendas, pela paciência e pelo respeito,

— Aos quase dez mil clientes que visitei e que ao longo de minha trajetória de venda externa me fizeram crescer e aprender com duras críticas e estímulos. Nada como momentos difíceis para nos fazer aprender e superar nossos limites. Sem eles, não seria possível este livro existir,

— E por fim, agradeço ao que ainda está por vir, pois minha certeza é única: agradecer é magico e ser grato nos traz muitas recompensas positivas!

VENDEDOR C.O.U.G.A.T.I.

INTRODUÇÃO

Comecei este livro três anos atrás e confesso que só consegui terminá-lo agora, depois de uma conversa com meu grande amigo Ricardo Bellino. Tive a honra de participar de um projeto dele na Itália, chamado Escola da Vida (www.ricardobellino.gestaoativa.com.br), cujo objetivo é a prática de negócios e não apenas a teoria.

Aprender com esse mestre é estimulante, pois o considero um dos mais hábeis negociadores e empreendedores que conheci ao longo da minha trajetória. E não é para menos, ele foi o responsável por trazer uma das maiores agências do mundo, a Elite Models, ao Brasil, promoveu a campanha do câncer de mama e foi nada menos do que sócio do atual presidente dos Estados Unidos: Donald Trump. Para quem não o conhece, recomendo especialmente a leitura de dois livros: *3 Minutos para o sucesso* e *Sopa de pedra*.

Naquela conversa escutei "Lembre Alberto que a Escola da Vida existe pelo sucesso prático e realizações além da média, e que tudo que tens de experiência e sucesso no seu negócio é muito pouco para o que podes fazer pelas pessoas que buscam seus sonhos e conquistas. Chegou a hora de multiplicar tudo em prol de um legado e bem maior e a alegria da vida se baseia em sucesso por completo."

Meses depois, aqui está esta obra!

Desde muito cedo já havia escolhido a profissão que mudaria o rumo da minha vida e me tornaria a pessoa que sou hoje. Nunca me conformei com a média e sempre busco ser o melhor em qualquer coisa que eu faço. Talvez esse seja o motivo de eu amar tanto a área de vendas, pois para crescer nesse ramo você precisa ser diferenciado e fazer o que ninguém faz. Acredito muito que quando você faz o que realmente gosta de fazer, o sucesso será uma consequência de todo o seu esforço e dedicação.

Se você está lendo este livro, provavelmente você é um vendedor ou um líder. Ou talvez, um empreendedor que tem como premissa sair do senso comum e desse ambiente que promove profissionais medíocres e buscar o lugar mais alto de sua carreira profissional.

Talvez algumas informações contidas aqui possam fazer você se sentir um pouco (ou muito) desconfortável. E peço desculpas por isso, mas não há o que fazer. Como diz um grande amigo meu, Bruno Carvalho, quem cresce no calor é apenas fungo. E meu objetivo é fazer a diferença, mesmo que pequena, na sua vida.

VENDEDOR C.O.U.G.A.T.I.

Este é meu segundo livro. O primeiro, *A lógica - Como fazer milhões com seguro de vida*, é focado na venda de seguro de vida, um dos produtos mais complicados e difíceis de serem promovidos pela complexidade do assunto, já que trata de algo que ninguém quer falar: a morte.

Tudo o que escrevo não vem da teoria e sim de toda prática que vivi ao longo de mais de duas décadas de vendas. Tome cuidado com os escritores teóricos e sem fundamento que estão por aí e que apenas reescrevem o que aprendem. Tentar adquirir conhecimento sem viver aquela situação é como tentar matar a sede olhando apenas a foto de um copo de água.

Hoje aprendi a acertar, mas depois de muito errar. Em todos esses anos lidando com vendas externas, liderei mais de 700 vendedores e seus comandos diretos, vendi enciclopédia, carnê do Baú da Felicidade, purificador de água e, claro, minha grande paixão: seguro de vida. E foi graças ao seguro de vida que coloquei minha organização entre as maiores do mundo em seu nicho de mercado (www.grupolifebrasil.com.br).

Descobri que é normal sofrer muito e ter perdas financeiras consideráveis para chegar onde se quer. Descobri ainda que qualquer equipe pode ter resultados avassaladores quando encontra um verdadeiro vendedor da família C.O.U.G.A.T.I.

E estou aqui para mostrá-lo de que é possível sim encontrar esse vendedor, se souber identificar as características necessárias. Ao encontrar esse vendedor, não tenho nenhuma dúvida de que a sua vida profissional de vendedor ou até mesmo de líder não será mais a mesma.

Tivemos de reconstruir inúmeras equipes pelo fato de não ter um vendedor da família C.O.U.G.A.T.I. Tínhamos problemas momentâneos ou no decorrer do trabalho. Eram problemas tanto de comportamento quanto de resultados. Obviamente nem sempre acertamos, mas este é o desafio.

E para vencê-lo, entendemos que é preciso unir velocidade, repetição, coerência e consistência. Além disso, não esqueça da importância de recrutar corretamente.

"Não existe vendedor ruim, existe vendedor mal treinado, mal liderado e no lugar errado. Para potencializar os resultados, saiba se ele é um pavimentador, com mais relacionamentos ou se é um desbravador, com mais venda de impacto".

Boa $orte e rumo à conquista do "impossível"!

CAPÍTULO C

CAPÍTULO C

Você deve estar curioso para saber o que é um vendedor C.O.U.G.A.T.I., não é?

Fique tranquilo, a partir desse primeiro capítulo você passará a entender o que significa ser um integrante dessa família.

Bem, então começaremos com a letra C. Mas o que poderia representar uma letra para um vendedor da família C.O.U.G.A.T.I. Tem alguma ideia, mesmo que muito vaga? Repense... Talvez lhe venham diversas e diferentes suposições sobre essa letra. Se mesmo de forma confusa surgirem algumas palavras, fique tranquilo, pois o seu jeito sempre será o correto no final. E um dia, sendo hoje ou amanhã, ele sempre chegará. Você é o grande mestre da sua própria obra e destino como pessoa e como vendedor. Cada um tem o seu tempo, e isso deve sempre ser respeitado, independente de quem seja.

Muito se fala sobre a importância de conhecer o seu produto, mas o que podemos dizer sobre conhecer efetivamente o que se vende? Se fizer algum sentido, mesmo que muito distante da sua realidade, podemos dizer que conhecer, com todo o poder da palavra, não é simplesmente ter lido os manuais, as condições gerais, especiais, entre tantas outras coisas que devemos basicamente saber quando vendemos um produto ou serviço qualquer.

Na verdade, conhecer o que se vende vai muito além de simplesmente ter recebido algumas instruções do seu superior, do departamento de qualidade ou da central de relacionamento. Ou de ter participado de um, dois ou três meses de treinamentos durante os quais, muitas vezes, acabamos sufocados com tanta teoria, sem conseguir perceber efetivamente o que o produto tem de positivo, seus pontos de melhoria, seus ajustes, suas dificuldades e tantas outras informações. São detalhes que têm o poder de ser muito mais úteis e de extrema relevância para que o vendedor da família da grife C.O.U.G.A.T.I. possa ser um profissional que conhece o produto ou serviço que vende e o adapte ao seu negócio da melhor e mais poderosa maneira que encontrar pela sua experiência. Afinal, de teoria o mercado, seja ele qual for, está cheio, como sempre afirmo. É preciso aliar a teoria com a prática. Ela é quem dá o rumo e o caminho do sucesso! A teoria serve de base e apoio, mas, sem o campo, a rotina do dia a dia para um vendedor, mesmo que este seja técnico devido à maior necessidade de seu produto ou serviço, nada será possível de se conquistar.

Não adianta também conhecer somente o produto ou serviço, se não conhecer o mercado e o negócio nos quais está diretamente envolvido. Ser vendedor e estar vendedor são coisas bastante diferentes e merecem uma certa e justa compreensão. Ser vendedor é ter paixão pelo que faz e viver disso. Estar vendedor é quando na falta de oportunidade, vale o que resolver o problema primeiro. E você: exatamente nesse momento, tem uma visão e uma conclusão mais apurada sobre o assunto? O seu sentimento, agora, está diretamente ligado ao seu comportamento, visão e prática? Não? Então comece a pensar que a relevância desse assunto merece atenção redobrada, triplicada ou quadruplicada.

Uma coisa é conhecer os manuais e informações repassadas para que se possa simplesmente oferecer o produto ou serviço que comercializamos. A maioria dos vendedores sabe isso e pronto. Já acham que são *experts* em vendas. Pura bobagem. Repito: bobagem! E mentalidade de amador. Se fosse assim, qualquer um sem paixão, fervor, amor pelas pessoas ou comunicação apurada teria sucesso. E se você conhece algum vendedor assim, peço que me apresente. Vou colocar sua foto na parede do meu escritório, pois essa alma merece publicidade. Ela é única!

Tenho visto inúmeros casos nos quais os vendedores sabem simplesmente o básico para que o cliente possa comprar e nada mais. Tendo em vista que o cliente, por regra básica, deve saber menos que o profissional de vendas, logicamente este último será sempre visto por saber mais! Esses vendedores, na verdade, não são vendedores, são tiradores de pedidos com a vantagem de os clientes já possuírem interesse na compra efetiva. Essa maneira de consumo acaba prejudicando o entendimento do vendedor, pois ele acredita cegamente ser o máximo e que a venda ocorreu pelas suas extraordinárias e maravilhosas técnicas e métodos ultradiferenciados. Vendedor vende! Isso se deve ao fato de que o vendedor tem o poder e a capacidade de despertar na essência, não de comprar na essência! Faz algum pequeno sentido para você? Pergunto novamente: isso faz o mínimo sentido para você?

Sempre digo que uma coisa é encontrar compradores, e isso é fácil, pois sempre existirá alguém que necessita do seu produto ou serviço.

Dessa forma, pode ser feito um bom negócio para todos os envolvidos: cliente, empresa, vendedor e, logicamente, a sociedade.

Ao se vender diversos produtos ou serviços, provavelmente seja impossível conhecê-los profundamente. Trata-se de algo muito pessoal a respeito de ser especialista ou generalista. A prática tem mostrado que o mercado dá muito mais valor para o primeiro. Sou um testemunho desse processo, pois em nossa organização somos especialistas em seguros que propagam proteção às pessoas, e não às coisas. Assim, se um cliente pretende contratar um seguro para sua casa ou carro, automaticamente indicamos parceiros que são referência no assunto. Mantemos, assim, nossa maior premissa prática de que nenhum dinheiro momentâneo irá nos desviar do nosso foco maior, seguro de pessoas, tornando-nos especialistas em proteger o seu maior patrimônio: suas vidas, famílias e de quem mais amam.

Voltando ao assunto, não falando de uma empresa que possui diversas operações de resultado, mas de pessoas especialistas em cada área de atuação. Refiro-me ao profissional propriamente dito. Como cliente, por acaso você daria mais valor ao generalista ou a um vendedor especialista? Resposta básica, mas óbvia. Assim espero.

Eu, particularmente, sempre acreditei que quando alguém é especialista no que faz tem muito mais probabilidade de ter sucesso do que vendedores generalistas, que mais parecem um hipermercado ambulante de produtos em suas pastas e catálogos sem fim, sem a convicção de qual o melhor ou mais adequado item a ser oferecido para o cliente. Se a norma da empresa é vender ou empurrar, eles lá vão e assim o fazem. Afinal, possuem metas e são pagos para isso. Frase clássica dos chefes que não são líderes.

Você só tem um nome e uma reputação a manter, como defende meu amigo Arthur Bender, um mestre em *branding* e autor dos livros *Paixão e significado da marca* e *Personal branding*. Hoje você pode estar nessa empresa, amanhã em outra e no ano seguinte em outra ainda. Mas o cliente não se esquece de quem realmente fez a diferença quando contrata um serviço ou como é atendido por um vendedor especialista e profissional. O bom profissional deve estar permanentemente presente para não dar espaço para a "concorrência" do mercado.

A regra e a verdade são que os clientes querem profissionais que saibam o que estão fazendo no seu negócio, que conhecem não somente as características, mas principalmente os benefícios e os produtos, e o que os produtos e serviços efetivamente trazem para eles como vantagens e diferenciais agregados. Muitas vezes, uma simples informação pode mudar todo o conceito de um cliente mais preocupado em saber o que está comprando ou contratando.

Uma coisa é ler a bula de um remédio, outra é saber na prática os efeitos colaterais que ele causa de forma diferente em cada pessoa que o utiliza. Alguma vez você já leu toda a bula de um remédio que tomou ou toma? Então, o que me diz sobre a prática? Seja sincero: faria diferença opinar sobre algo que tivesse vivenciado? É isso, compreende?

Uma das comprovações que tenho quanto a esse tema é a diferença entre ser clínico geral e um cardiologista especialista no assunto. Qual dos dois você procuraria se tivesse um problema no coração? Ser especialista é conhecer na essência a real verdade de seu produto ou o que vende, seja o que for! Nunca o generalista será melhor ou mais valorizado que o profissional especialista.

Então, vamos fazer algumas reflexões para você tirar suas próprias conclusões e, se possível, escrever suas respostas, pois este livro foi escrito para lhe trazer resultados, não para ficar na prateleira.

Minha grande alegria é que este livro seja usado de todas as formas: com dobras, anotações, resenhas, não importa. Então use e abuse! O resultado e o seu sucesso são o que me interessam. Quanto mais utilizado por seu uso e manuseio, mais valor terá. Talvez seja muita pretensão minha, eu sei. Mas a paixão fala mais alto e leva a acreditar que, de alguma forma, eu possa fazer parte de sua maravilhosa e espetacular história.

Por isso, pegue uma caneta e comece do seu jeito e no ambiente em que mais se sentir confortável, pois a partir de agora as coisas começam a tomar forma. Mas claro, sem esquecer que para isso você tem que querer! Você quer? Deseja? Tem paixão por vender e deseja muito fazer a diferença como profissional de vendas? Você quer ser diferenciado e ser um novo membro da família C.O.U.G.A.T.I.? Mãos à obra! Enquanto pensamos sem agir, o tempo passa, passa, passa...

Vejamos então:

Você tem por hábito buscar informações de clientes que já utilizam seus produtos ou serviços? Se sua resposta for não, posso dizer apenas lamentável, e se sim, então quantos clientes isso representou no último mês? Por que não fez algo além do básico se quer ser extraordinário no seu mercado? Não se castigue, ainda há tempo! Claro, desde que você acredite nisso e tenha essa convicção. A maior verdade é a sua própria verdade!

Descreva então três pontos excepcionais e extraordinários que o seu produto ou serviço possui no seu ponto de vista e no ponto de vista que você acredita ser dos seus clientes.

Seu ponto de vista:

1-

2-

3-

Ponto de vista dos seus clientes:

1-

2-

3-

Descreva agora três pontos de melhoria que dependem da empresa, do produtor ou da indústria e que você pode escrever ou falar para a área responsável com o objetivo de colaborar para sua melhoria e desenvolvimento. Importante ressaltar que o assunto deve ser levado ao conhecimento dos seus superiores ou, se você for o empresário, aplicar na própria empresa. Teste e terá resultados espetaculares, eu garanto! Aliás, faço isso permanentemente e funciona. É prática, não teoria, nem milagre.

1-

2-

3-

Cite cinco funcionalidades do seu produto que fariam seu cliente voltar a comprar ou contratar de você sem que, para isso, seja preciso convencê-lo novamente da necessidade, desejo ou interesse:

1-

2-

3-

4-

5-

De que forma você é visto perante seus próprios colegas quanto ao seu conhecimento e informação a respeito do que você vende e sobre o mercado em que atua? Cite pelo menos cinco características. Seja justo e verdadeiro com você mesmo, pois somente assim poderá dar um novo significado à sua história profissional.

1-

2-

3-

4-

5-

No que você acredita que deva buscar ter mais conhecimento em relação ao que vende com o objetivo de transformá-lo em especialista no seu segmento? Cite pelo menos cinco. Poderia indicar mais, porém esse número está bom para iniciar. Se desejar, crie uma lista, pois será muito interessante para o seu crescimento. Teste e se surpreenda! A prática sempre tem mais valor quando aliada ao conhecimento.

1-

2-

3-

4-

5-

Você é daqueles vendedores que sempre encontram ou desvendam um novo diferencial no mesmo produto ou serviço que vende? Cite ao menos cinco coisas que você tem maior capacidade de convencimento perante seus "concorrentes" e colegas. Não me diga que não encontrou! Na prática, isso tem fundamento? Verdade? Tem certeza de que isso é um fato?

1-

2-

3-

4-

5-

Seus colegas procuram-no para suprir dúvidas, incertezas e inseguranças sobre o produto ou serviço que vendem? Então, descreva qual a última vez que isso ocorreu e em que situação e momento você estava (vendendo muito ou pouco). Acreditava que era o melhor ou estava no padrão do seu mercado?

_____

_____

_____

_____

_____

Você é referência no seu mercado pelo conhecimento que tem? Se sim, maravilhoso! Então descreva, em poucas linhas, o que faz você ter essa certeza. Caso a resposta seja negativa, deve começar a pensar mais sobre ganhar esse espaço. Ele pode ser seu ou do seu concorrente. É você quem decide! Mas pense e aja rápido, pois o tempo passa rapidamente e a "concorrência" não vai esperar!

_____

_____

_____

Se fosse possível você mensurar o seu conhecimento, quanto você daria entre 0 e 10? O que poderia ser feito na prática para que esse número aumentasse em função de seu próprio crescimento profissional? Cite pelo menos cinco.

1-

2-

3-

4-

5-

Esse aumento depende de outra pessoa ou somente de você? Quem seria? Quando fará contato com ela? Em qual dia, em qual hora? Enfim, mexa-se! O relógio não tem patrão.

Nesse momento, escreva o seguinte para não esquecer:

Quem é?

_____

Em que dia fará contato?

_____

VENDEDOR C.O.U.G.A.T.I.

Que horas será?

_____

Como seu superior, gerente ou até você mesmo descreveria o seu conhecimento perante seu mercado e sua equipe? Você estaria entre os três, cinco ou os dez melhores? Ou entre os últimos? Seja honesto, pois somente assim poderá ter uma verdade absoluta de você como profissional.

_____

_____

_____

_____

Se a resposta não for positiva, por que você não procurou esse diferencial? Você quer ou não ser o melhor no que faz? Lembre-se sempre de que para ser um vendedor da família C.O.U.G.A.T.I. você precisa ir além e saber que o básico e o trivial estão à disposição em qualquer esquina. Contudo, o vendedor que honra o sobrenome C.O.U.G.A.T.I. não se encontra em qualquer praça, pois está no campo vendendo e fazendo clientes mais felizes a cada momento. Primeiro, ele conhece suas virtudes e pontos de melhoria. E você? A hora chegou! Eu tenho certeza de que você é muito melhor do que possa imaginar e é capaz de honrar esse sobrenome que somente os campeões merecem carregar na sua história profissional. Quero ver você no lugar mais alto com suas conquistas e objetivos, mas para isso você tem que querer. Você realmente quer? Honra sua própria vida de vendedor? Então, siga em frente e ultrapasse as barreiras do desconhecido para depois conquistar sua glória, seu legado, sua marca!

Seu jeito é o jeito certo, e se desejar fazer parte da família C.O.U.G.A.T.I., deverá ousar e ir além.

Ser grande depende somente de você, e eu, honestamente, honro sua história, seja ela qual for. Você é melhor do que acredita e pode muito mais do que imagina, mesmo que ainda não tenha toda essa convicção. Esperamos muito você em nossa família. Lembre-se de que as pessoas estão sempre na frente das coisas. Por esse ponto de vista, o dinheiro está em segundo lugar. Fazer o bem aos clientes é o melhor caminho!

São tantas e tantas perguntas que podem ser feitas. Na verdade, passaremos mais algumas páginas questionando. E você, se assim acha útil para o seu crescimento e visão, descreva e aplique o que surgir como facilitador para sua maravilhosa história de vendedor de sucesso: vendedor C.O.U.G.A.T.I.!

Aqui cabe uma grande reflexão a respeito do quanto você realmente se sente preparado e quanto busca de conhecimento efetivo e diferenciado perante seus concorrentes e seu mercado. Hoje você tem ideia sobre como seus concorrentes se preparam para conquistar mercado e espaço com seus produtos e serviços? No seu ponto de vista, eles buscam algo além ou fazem o que a grande maioria faz, ou seja, nada de diferente?

Um vendedor C.O.U.G.A.T.I. tem por hábito se tornar especialista em um produto ou serviço, não que seja somente um, mas um de cada vez e momento, e do mesmo segmento e modelo de negócio. Somente assim será possível conhecer profundamente o que se vende. Isso faz algum sentido para você? Estou certo ou muito fora da sua percepção?

No seu ponto de vista, o que vale mais: um especialista que entende do assunto perante o seu cliente e que sempre busca algo novo e extraordinário em seu negócio, ou alguém que acredita saber muito, mas não conhece sequer seus próprios diferenciais e potencialidades?

VENDEDOR C.O.U.G.A.T.I.

Certamente você se lembrará de alguns por aí ou outros que já passaram pela sua vida de vendedor. Como esses estão profissionalmente na sua carreira, numa nota de 0 a 10? Essa é a visão que você deverá ter sobre este assunto a partir de agora. O que você quer ser? Mais um no meio da massa ou aquele profissional que se destaca por sua expertise e diferencial? Quanto você está fazendo para ser reconhecido como profissional diferenciado e de reputação ilibada?

Vendedores da nossa família são diferentes pela essência, pelo amor, pela paixão e fervor pelo seu negócio, e se torna fácil percebê-los pelas atitudes e ações que são propagadas. Um vendedor C.O.U.G.A.T.I. sempre supera os limites impostos e determinados, pois se pensou em algo a mais e em algo diferenciado, pensou em um vendedor da família da grife C.O.U.G.A.T.I.

Se você trabalha no ramo metalúrgico, automobilístico, construção, farmacêutico, seguro de automóvel, seguro de vida, como é o meu caso, entre outros, assuma que esse é o seu negócio e que você se sente feliz e permanentemente apaixonado pelo que faz.

O conhecimento passa a ser com vontade, desejo e sentimento de conquista, não somente aquela obrigação de fazer pelo que somos pagos ou fomos contratados. Nunca duvide dos limites a serem superados por um vendedor C.O.U.G.A.T.I, pois certamente irá se surpreender. Sempre!

Ninguém é capaz de ser o melhor ou ser realmente diferenciado fazendo coisas ou vendendo algo no qual não acredita ou que não comprou de verdade o seu negócio. É pura ilusão acreditar que, sem conhecimento de causa efetiva de seu negócio, você terá o sucesso que tanto espera e deseja. Sem ser um especialista, você tem um preço na sua profissão, mas sendo especialista de fato e um vendedor da grife C.O.U.G.A.T.I., passa a ter valor de verdade!

Quanto então você vale no seu mercado? O que você ou os seus clientes acham?

Lembre-se sempre de que conhecer de verdade aquilo que você vende, seus diferenciais intangíveis, suas verdades, suas vulnerabilidades, suas dificuldades e pontos de melhoria, podem fazê-lo ultrapassar a barreira de ser mais um no meio da massa. Você escolherá o seu futuro! Já decidiu ou vai esperar o último capítulo? Junte-se a nós! Seu legado depende de você para ser conquistado.

Quem conhece passa a fazer o que deve ser feito com precisão e confiança, que será naturalmente transmitida aos seus clientes e ao mercado em que atua. Você é o seu verdadeiro mestre, e sua forma de agir e compartilhar é que o levará para onde desejar. Seja onde for.

CAPÍTULO O

33

CAPÍTULO O

Chegamos à letra O! E o que poderia ser a letra O? Que tipo de diferencial ela poderia ter perante a massa de vendedores amadores que não sabe sequer o que é vender na essência e colocar as pessoas antes das coisas? Ela deve ser um dos grandes pilares de sustentação de um vendedor de sucesso independentemente do ramo ou segmento de atuação. De alguma forma, essa letra estará obrigatoriamente presente na nossa vida e na nossa família C.O.U.G.A.T.I. Sempre!

Não há possibilidade de controlar e seguir rumo ao estado desejado sem que efetivamente tenhamos tudo alinhado para melhor aproveitamento de tempo e retornos devido a visitas, agendas, reuniões, descrições de produtos, serviços, clientes...

Normalmente, gosto de questionar: você realmente acredita que ser organizado para agir de forma inteligente é fundamental para o sucesso de um vendedor profissional? Disse profissional. Não estou me referindo ao fato de ser organizado a ponto de ser detalhista e até chato ao extremo, muitas vezes prejudicando o próprio processo do seu negócio, suas vendas e seus resultados. O processo de organizar para agir tem como base principal manter as informações dentro das premissas do seu negócio, otimizando tempo e consequentemente ganhando mais dinheiro, ressaltando sempre como fazer para que os clientes ganhem qualidade, por isso que as pessoas estão e sempre estarão na frente das coisas.

Também não estou falando de ter a agenda com cores para cada frase e com letras milimétricas. Refiro-me à necessidade de termos cada minuto de nossa vida organizada para fazer parte dos que se destacam nessa profissão. O tempo pode ou não ser o seu aliado! Na verdade, é você quem vai decidir. Ou o relógio é seu empregado ou você é empregado dele. Assim, o que temos de mais precioso é saber avaliar o tempo, mesmo que ser vendedor é ser atemporal, pois toda hora é hora de vender.

Não estou falando ainda de uma agenda física do último modelo, com belas frases motivacionais e otimistas. Temos que ter um suporte. O ideal seria ter para cada compromisso um registro de tudo o que acontece diariamente em nossa vida, não somente profissional, mas também pessoal, pois as duas andam juntas. Diria até que são parentes muito próximas. Pode ser *iPad*, celular, computador, mas tem que existir. E se ainda não possui, verá que sua vida certamente mudará depois da agenda fazer parte da sua vida.

Alguns questionamentos muito próprios devem ser considerados quando falamos em agenda. Vejamos então:

VENDEDOR C.O.U.G.A.T.I.

Quantas vezes ao dia você se depara trabalhando em sua agenda para cumprir visitas, compromissos, faculdade, treinamentos, cursos, entre tantos outros? Poderia fazer mais em menos tempo? Cite pelo menos cinco estratégias ou ações que otimizariam seu tempo colocando-as na agenda antes de dormir, por exemplo.

1-

2-

3-

4-

5-

Qual o número efetivo de contatos você deve fazer para que o seu produto tenha, na média, o resultado esperado ao final do mês? O que leva você a ter essa certeza? Imaginação, informação de colegas ou prática pela sua própria vivência?

_____

_____

Descreva abaixo, brevemente, o seu modelo ideal de contatos ao dia (por exemplo, tempo, público etc.), lembrando que o dia tem, para todos os profissionais, 24 horas de 60 minutos de 60 segundos. Quem melhor aproveitar e saber avaliar sua importância certamente estará à frente da "concorrência".

_____

_____

_____

Suas visitas estão classificadas por ordem de CEP ou aleatoriamente?

_____

Você depende de alguém para fazer dessa forma a fim de facilitar seus contatos efetivos a clientes? Quem?

_____

_____

Quem mais você conhece em sua empresa que poderia facilitar nesse estágio extremamente importante da sua vida de vendedor da família C.O.U.G.A.T.I.? Não hesite em perguntar, pois quem domina o poder das perguntas, domina o mercado!

_____

Você já sabe a quantidade de visitas prováveis para a venda efetiva no seu negócio? Ainda não? Não acredito! Quer perguntar ao concorrente?

Responda, então, às seguintes perguntas:

a) A cada dez visitas que faz, quantos são alvo de seu produto ou serviço?

_____

b) A cada dez visitas que faz, quantos escutam o que você tem a dizer?

_____

c) A cada dez visitas que faz, quantos param para ouvi-lo calmamente?

_____

d) A cada dez visitas que você faz, quantos fazem mais de dez perguntas diferentes sobre seus produtos ou serviços? Claro que você deve anotar ou gravar algumas entrevistas, correto? É importante que tenha feito e se não fez, faça logo que puder!

___

e) A cada dez visitas, quantos clientes acreditam que seu serviço ou produto é capaz de suprir seus desejos, interesses e necessidades?

___

f) A cada dez visitas, quantos clientes marcam um segundo encontro? Um terceiro? Um quarto?

___

g) A cada dez visitas, quantos clientes compram de você de primeira, caso seu produto permita esse tipo de compra ou contratação?

___

h) A cada dez visitas, qual é a média de tempo que leva a apresentação do seu negócio na prática? Não estou falando daquilo que dizem os gerentes, que muitas vezes não sabem o que acontece no campo e não sabem sequer trabalhar com pessoas, mas sim lá no fronte. Quanto tempo é necessário para uma apresentação excepcional?

___

i) A cada dez visitas, quantos lhe fornecem ao menos três recomendações? E cinco? Mais que cinco? Nenhuma?

___

j) Quantas visitas efetivamente são possíveis fazer em um dia de trabalho, caso seja empregado com as regras da CLT (Consolidação das Leis de Trabalho), considerando oito horas de jornada?

_____

k) Se você for empresário ou autônomo sem horário, quantas visitas é possível fazer em um dia seguindo todos os compromissos em ordem e mantendo a média de tempo de visitas já citada acima?

_____

l) Agora para encerrar, quantas visitas não são feitas e que poderiam ser promovidas se você tivesse ainda mais organização em sua vida, seja pessoal, seja profissional?

_____

É disso que estou falando, pois um vendedor da família C.O.U.G.A.T.I. sabe que, sem organizar a ação e sem ter algo em que possa se basear sendo ou não utilizada a tecnologia, não é possível ter sucesso nem fazer parte dessa família. Como vendedor C.O.U.G.A.T.I., você acredita que deva separar os dias da semana em visitas feitas durante a tarde e a organização pela manhã ou prefere que 80% do tempo seja destinado a estar em campo e o restante do tempo destinado para a organização?

Lembre-se de que na primeira vez em que for organizar e planejar você deve ter mais tempo e depois somente executar e acompanhar o andamento dos trabalhos.

Tenho um modelo de organização que poderá colaborar para que seu trabalho seja mais efetivo. Para começar, tenha um caderno. Ele será batizado de Diário do Sucesso e será utilizado da seguinte forma:

VENDEDOR C.O.U.G.A.T.I.

– Antes de dormir, escreva como foi o seu dia e o que faltou. Se for o caso, ajuste para o dia seguinte com informações mais precisas;

– Descreva três novas oportunidades de melhoria em relação ao trabalho do dia que passou e como poderia potencializar suas atividades na prática (de teoria o mercado está cheio e a prática é o alicerce de um vendedor dessa família);

– Faça ao menos entre quatro e seis visitas efetivas por dia, para que seja possível ter um número considerável de oportunidades e descreva o que nelas ocorreu. Ao longo do mês, você terá mais de cem nas quais contou sua história e a de seu negócio e como este poderia solucionar ou beneficiar o seu cliente. Porém, refiro-me a visitas efetivas, não aquelas em que o cliente sequer olhou para você;

– Aos finais de semana, quando também se trabalha e é dia útil, descansado, lembre-se de que durante a noite somos verdadeiras corujas, sempre atentos a nossos pensamentos mais extravagantes, mas que oferecem oportunidades e possibilidades de encontrar novo significado em nossa própria história profissional. Assim, descreva ideias que lhe venham à mente. Talvez o poder do ócio criativo possa realmente ser interessante para você como é para mim. Certamente, irá se surpreender, mas lembre-se de que, como recebemos milhares de informações diariamente, não temos capacidade de guardá-las todas e lembrá-las com a devida precisão.

Desvende a melhor maneira e parta para a prática:

– Utilize em média dez a doze horas por dia de trabalho, pois o vendedor C.O.U.G.A.T.I. é atemporal e o relógio serve somente para se basear;

– Segunda-feira pela manhã, se você já for um líder de campo efetivo, não vá a campo. Prepare toda sua semana para que possa executar suas ações da melhor maneira possível, treinando novas formas de prática e de apresentação juntamente com novas ferramentas desenvolvidas no ambiente de trabalho. Com isso, busca-se minimizar os riscos de reorganizar sua agenda e maximizar os resultados do coletivo;

– Sempre deixe um tempo de sobra entre uma visita e outra para ser possível cumprir as visitas de um vendedor da família C.O.U.G.A.T.I., que nunca deixa o cliente em segundo lugar. Ele é sempre o primeiro da lista, depois de nós, pois, sem nós, como nossos clientes seriam bem assistidos em seus desejos, interesses e necessidades? Em resumo: cuidamos de nós mesmos para poder assisti-los de forma profissional e extraordinária!

– O vendedor C.O.U.G.A.T.I. foca no plano A, mesmo tendo todos os planos, de A a Z, para suprir alguma mudança de percurso devido a fatores independentes a ele. Por exemplo, um cliente vai ao médico, mas não consegue avisá-lo antes. Não perca a viagem, faça uma prospecção ou um PAP. Algumas perguntas também se fazem necessárias. São elas:

VENDEDOR C.O.U.G.A.T.I.

Como o mercado está organizado para crescer com seus produtos e serviços e de que forma você está inserido nesta organização?

_____

_____

Em que área você deveria ser mais organizado e que poderia ser potencializada?

_____

Em que área você está efetivamente espetacular atingindo os resultados esperados? O que poderia fazer de melhor na prática?

_____

_____

A cada dia, quantos compromissos não são feitos ao final do trabalho?

_____

Descreva então o porquê não foi possível concluir.

_____

_____

Dependeu de quem para que fosse possível? Não encontre outro responsável, seja honesto com você mesmo.

_____

No seu ponto de vista, onde o vendedor C.O.U.G.A.T.I. deve ser mais organizado? Então escreva cinco coisas nas quais você acredita ser o melhor. Lembre-se de que o seu jeito é o certo, mas vale verificar a melhor maneira dentro da sua própria estrutura de trabalho.

1-

2-

3-

4-

5-

Sua organização está baseada somente no que depende de você ou também de outras pessoas para que tudo tenha o resultado esperado?

___

Quem e o que poderia colaborar para a melhoria do processo? Descreva de forma clara e objetiva.

___

___

Sem organização (organizar a ação), que é um dos pilares do sucesso do vendedor C.O.U.G.A.T.I., não seria possível honrar todos os compromissos e responsabilidades assumidas. Então, agora, você acredita que pode melhorar mais perante sua organização de tempo? Se positivo, cite abaixo o que realmente está pensando com efeito prático e o que isso mudaria em seu resultado.

___

___

___

___

VENDEDOR C.O.U.G.A.T.I.

Quantas horas existem na agenda de um vendedor C.O.U.G.A.T.I.? Tente novamente e reflita. Na verdade, a organização do vendedor C.O.U.G.A.T.I. tem sempre 24 horas, pois está sempre à disposição para organizar, criar, cocriar, ressignificar, reorganizar e o que mais for preciso para que seu sucesso seja possível, pois nada que esteja ótimo não pode ser melhorado para ser extraordinário e maravilhoso.

Quando você inicia suas atividades, elas já estão sempre organizadas para todo o dia, semana e mês de trabalho?

Qual a possibilidade de organizar as coisas para mais de um dia com pequenas e possíveis alterações? Você deve contar e deixar uma abertura na sua organização para os imprevistos naturais que são decorrentes de fatores externos.

A organização não pode ser vista como algo chato e desconfortável, pois ela guia a rotina e os compromissos que, para um vendedor da família C.O.U.G.A.T.I. são inadiáveis.

Para não esquecer: nunca deixe para organizar as coisas de última hora, pois o tempo é a única coisa que temos a favor ou contra nós perante a "concorrência". O dia tem 24 horas de 60 minutos de 60 segundos e nada pode alterar esse modelo de gestão de tempo. Então, para ser um vendedor da família C.O.U.G.A.T.I., tenha em mente que devemos dedicar mais de oito horas de trabalho, se quisermos o sucesso esperado. Ninguém consegue ser extraordinário fazendo o básico, ou seja, trabalhando oito horas como vendedor e desejando ter alto desempenho. Sempre digo que quanto mais tempo for possível de se organizar, mais será possível estar próximo de suas conquistas.

Para refletir novamente:

Aonde você quer chegar na carreira de vendedor da família C.O.U.G.A.T.I.?

_____

_____

Descreva abaixo, qual o final de sua história profissional e o legado que terá deixado com sua marca?
_____
_____

O modelo que você possui de trabalho hoje está adequado para organizar e planejar para depois executar?
_____
_____
_____
_____

O que pode fazer para melhorar?
_____
_____

Em quem você se espelharia para um *upgrade* na sua carreira de vendedor extraordinário da grife C.O.U.G.A.T.I.?
_____
_____

Quantas horas por dia você se diverte? Pois o vendedor da família C.O.U.G.A.T.I. não trabalha, ele se diverte com sua profissão e tem verdadeira paixão pelo que faz.
_____

Esse tempo pode ser potencializado?
_____

Como?
_____
_____

Fazendo o que mais nesse mesmo tempo?
_____

VENDEDOR C.O.U.G.A.T.I.

O que acredita que seria positivo em trinta minutos de mais dedicação por dia?

_____

_____

Acredite que você pode mais em menos tempo!

Foque sempre para sobrar mais tempo a fim de promover mais e mais visitas, pois quanto mais visitas, maior a probabilidade de vendas. Lógico, e também mais negócios, dinheiro, clientes satisfeitos e sucesso.

Quanto mais visitas, mais tempo de voo e de conhecimento você terá sobre o seu negócio como vendedor da família C.O.U.G.A.T.I. Isso quer dizer que, quanto mais expertise, melhores habilidades e atalhos passa a ter, sabendo de forma mais profunda o que os serviços e produtos podem efetivamente favorecer aos clientes.

Nunca deixe que o tempo assuma parte da sua vida, pois dessa forma seu sucesso estará sempre nas mãos de outras pessoas e você perderá o controle de sua rotina de trabalho, de diversão, de viver mais intensamente, o que realmente o faz feliz. Cabe novamente relembrar que as pessoas vêm antes das coisas, então o dinheiro sempre virá em segundo lugar. Eu realmente acredito que o amor, a paixão e o legado maior tem muito mais valor do que o dinheiro, e talvez seja por isso que compartilho este livro com você. Ser é mais importante que ter!

O vendedor C.O.U.G.A.T.I. sabe que pode até não ser um *expert* em organização, mas o básico e o necessário para ser responsável pelo crescimento de sua carreira é o mínimo que deve estar disposto a fazer. Vendedor vende, quem apresenta é Silvio Santos. Cada um fazendo o que sabe melhor. Essa é uma frase que uso como referência em minha empresa para esclarecer de forma simples que o vendedor da família C.O.U.G.A.T.I. sabe que o final da história é vender. Simples assim! Lógico que fazendo o melhor para os clientes dentro das reais necessidades dele. Dele! Dele! Sempre dele!

O que vale nesse processo é ter a certeza de que tudo está no seu devido lugar como planejado e como deve ser feito. Se você não tiver mais sua agenda hoje, seria possível promover tudo o que deveria em relação aos compromissos e responsabilidades na sua carreira com informações precisas?

Cabe lembrar que a organização deve ser modelada e projetada de diferentes formas para cada profissional de vendas, pois o vendedor da família C.O.U.G.A.T.I. sabe na realidade que se tudo não estiver no seu devido lugar, não será possível honrar com todos os seus compromissos. Ela não superaria seus próprios limites! Que, aliás, veremos mais adiante.

CAPÍTULO U

49

CAPÍTULO U

Na verdade, podemos tirar grande proveito dessa letra que integra a vida de um vendedor C.O.U.G.A.T.I. Afinal, ela pode fazer diferenças extraordinárias para os resultados desejados e objetivos estabelecidos.

Faz alguma ideia do que possa significar a letra U?

Essa letra não seria tão importante se um vendedor da família C.O.U.G.A.T.I. não fosse útil para os clientes, família, sociedade e o mercado em que atua. Ser útil é parte do caminho para a excelência em vendas.

Ser útil deve ser considerado como grande valor para um vendedor dessa família, pois de nada adianta sermos bons somente para nós e para a empresa na qual trabalhamos e não sermos bons para a sociedade em que vivemos e para as pessoas que atendemos.

Vou expor melhor o argumento para que seja mais simples esclarecer o que estou tentando expressar, porque não faria nenhum sentido se não fôssemos úteis efetivamente para nossos clientes, atendendo seus desejos, interesses e necessidades e oferecendo o que realmente faria a diferença em suas vidas.

A questão de ser útil está ligada diretamente ao modelo de fazer com que os outros ganhem qualidade, o que já havia comentado anteriormente. Ser útil é a base para o processo de fazer o extraordinário e o até então impossível na vida de um vendedor profissional da família C.O.U.G.A.T.I.

Dessa forma, o que dizer de um vendedor que na verdade não é útil para o cliente, querendo somente despachar suas mercadorias e serviços, visando apenas seu interesse pessoal e de sua empresa, colocando o dinheiro sempre em primeiro lugar? Esse tipo de profissional não faz parte da família C.O.U.G.A.T.I., pois ser útil para si não fará sentido algum para se tornar diferente da massa de vendedores amadores que existem neste mundo afora.

Outra informação importante é que o vendedor da família C.O.U.G.A.T.I. deve ser útil também para a sociedade com produtos e serviços de grande valor e benefício agregado àqueles que, de alguma forma, fazem parte do todo. Não existe consumo sem vendedor, sem profissional que saiba fazer o que deve ser feito sempre primando pelo bem dos clientes, da sociedade e do mercado.

VENDEDOR C.O.U.G.A.T.I.

Ser útil é também ser lembrado pelos clientes nas horas difíceis, quando utilizam os serviços contratados e têm a condição de sentir na prática o quão importante e útil foi conhecer o verdadeiro vendedor da família C.O.U.G.A.T.I.

Algumas perguntas devem ser analisadas e respondidas. São elas:

Internamente, você acredita ser útil para a sociedade em que vive e atua com seus produtos e serviços?

___

Em caso positivo, por que tem essa certeza e que fato ocorreu para que tivesse essa conclusão? Cite pelo menos três respostas, se possível.

1-

2-

3-

Qual a realidade de seu produto e/ou serviço para seus clientes? Cite pelo menos três.

1-

2-

3-

Em que momento de sua carreira profissional você se sentiu mais útil para todos que estão envolvidos, entre clientes, família, colegas, empresa e a sociedade?

___

Qual fato prático levou você a essa conclusão acima? Descreva.

___

___

Se pudesse voltar no tempo e descrever em que gostaria de ter sido mais útil para os seus clientes, o que lhe vem à mente?

_____

Você depende de alguém para que isso seja possível?

_____

Quantas vezes, na última semana ou mês, você se sentiu realizado por ser útil na prática para seus clientes?

_____

O que ocorreu para que aflorasse esse sentimento?

_____

_____

Como você se comportou posteriormente a esse episódio?

_____

_____

_____

Mudou alguma coisa na sua vida profissional ou ainda não parou para pensar sobre o assunto?

_____

_____

_____

Você seria capaz de perguntar para um colega, alguém da família, a um cliente, ao seu chefe ou sócio o que de mais útil você faz na sua vida profissional? Pois bem, agora é a hora, pois verá resultados e respostas extraordinárias.

VENDEDOR C.O.U.G.A.T.I.

Tente e surpreenda-se! Não tenho dúvida de que certamente lhe trará mais ânimo e fervor pelo que você faz.

Para um vendedor da família C.O.U.G.A.T.I., ser útil na verdade é ter a certeza do dever cumprido ao que foi proposto, do que foi iniciado como objetivo primordial na sua estrada e escalada profissional. Aquele vendedor que não tem a capacidade de medir na prática se é ou não útil a seus clientes não merece fazer parte da família C.O.U.G.A.T.I. Não merece estar à frente junto aos melhores do seu setor e segmento. Na verdade, não merece ter o nome de vendedor nem de vencedor! Não merece carregar no peito o V de vitorioso.

Quanto mais úteis e mais verdadeiros somos conosco, mais chances teremos de ultrapassar nossos limites de nossa história profissional. Mas qual mesmo o seu legado?

Ser útil faz parte da vida de um verdadeiro vendedor de grife da família C.O.U.G.A.T.I., e saber que pode a cada dia colaborar ainda mais para isso tem um poder avassalador perante sua história de sucesso.

Um vendedor da família C.O.U.G.A.T.I. é útil e diferenciado. É lembrado por todos. É avaliado de forma sábia e única pela sociedade e pelos clientes. E o melhor de tudo: não faz parte daqueles que pensam no dinheiro antes das pessoas e do que delas são capazes de conquistar.

Para concluir com uma simples frase este capítulo, diria que ser útil é ser necessário, mas de forma positiva e profissionalmente respeitada.

CAPÍTULO G

CAPÍTULO G

A letra G para um vendedor da família C.O.U.G.A.T.I. pode ser a grande diferença de um vendedor sem grife. Digo isso porque a maior verdade de todas é que sem garantia nada tem valor.

Uma das coisas que aprendi com quase dez mil visitas no campo e na prática com seguro de vida é que quando criamos garantia em nossa marca pessoal o resto se torna apenas etapas a cumprir, pois esse é o maior valor de um profissional de vendas aliado à sua própria reputação.

Alguma vez percebeu, mesmo que sutilmente, já ter deixado de vender porque você não foi a garantia do produto ou serviço que o cliente necessitava? Eu já! Muitas vezes pelo próprio despreparo ou ansiedade de querer vender acabamos deixando de lado a nossa garantia como profissional. Uma pequena palavra, um pequeno gesto, uma pergunta mal interpretada e mal produzida ou uma pequena resposta podem prejudicar o entendimento do cliente sobre você como garantidor do que está vendendo na forma de solução a ele.

Assim, depois de o cliente efetivamente comprar a sua pessoa, ou seja, confiar mesmo em você, será muito provável que, se estiver interessado, com desejo ou necessidade do seu produto ou serviço, a venda seja efetivada pela solução.

Todos desejamos pessoas que nos ajudem ou colaborem para solucionar nossas necessidades quando não temos condições ou não sabemos de forma precisa o assunto. Muitas vezes, produtos maravilhosos não são completos porque são distribuídos por profissionais que não sabem sequer o que estão fazendo como vendedores, aqueles para os quais o que mais importa é vender, ganhar seu dinheiro ou bater sua meta, nada mais. Isso se torna ainda mais absurdo quando vendem algo que nem mesmo existe por completo e, para isso, acabam iludindo os clientes desinformados sobre o assunto. Existem muitos por aí, acreditem. É um tipo de situação frequente. Porém, dessa forma, cada vez mais aqueles profissionais da família C.O.U.G.A.T.I. terão ainda mais sucesso em sua carreira, seja ela onde for e com o que comercializar.

A imagem, o profissionalismo e a certeza da informação dão a tranquilidade de que fazer justiça como vendedor é aceitar que, sem credibilidade e garantia do próprio vendedor, nada seria possível. Eu honro a história principalmente daqueles que muitas vezes deixam de vender, mas nunca deixam de ser justos e verdadeiros para seus clientes na busca incansável e permanente de um legado sem rachaduras ou com sujeiras ao longo da sua trajetória profissional.

Registro que as pessoas estarão sempre antes das coisas! Eu realmente acredito nisso. Até o final deste livro, decerto falarei novamente sobre essa visão: pessoas na frente das coisas.

VENDEDOR C.O.U.G.A.T.I.

Em um mercado cada vez mais concorrido, a garantia e a confiança de algo a mais podem mudar totalmente o rumo de qualquer empresa, produto ou profissional. Antes das coisas estão as pessoas, e dessa maneira não poderia ser diferente se pensarmos em garantir e tranquilizar nossos clientes primeiro conosco e depois com nossos produtos e serviços.

Ninguém compra nada sem ter pelo menos o mínimo ou acreditar ter o mínimo de garantia possível na pessoa que está ofertando ou solucionando seus problemas, desejos ou necessidades. Nunca se esqueça de quanto mais garantia dermos a nossos clientes, mais teremos possibilidades e oportunidade de fechamento e da confirmação de nosso trabalho, que é vender na prática. Garanta e venda! Garanta e venda! Garanta e venda!

Não custa recordar que o primeiro impacto e a primeira impressão que temos quando nos deparamos com vendedores são pessoas. Da mesma forma, do lado inverso, como vendedores. A garantia está nas pessoas, nos sentimentos, nos instintos e nas emoções.

Também de nada adianta um vendedor comercializar um produto que não será entregue ou que não tem a sua própria garantia de valor e de tranquilidade para o cliente. Lembre-se de que hoje você comercializa um tipo de produto ou serviço, mas amanhã sabe-se lá o que estará a vender. Por isso, se tiver lesado ou perdido a própria garantia como profissional para o cliente, por mais espetacular que seja a mercadoria, não será suficiente. Você mesmo tirou essa garantia quando da venda de um produto inadequado e/ou desnecessário para o cliente.

Sempre digo que um produto só se torna extraordinário como um todo quando é vendido ou comercializado por pessoas ou empresas que geram valor agregado de garantias diferentes do que o mercado pratica naturalmente. Garantir é gerar ainda mais valor ao seu produto ou serviço e isso poderá trazer para o seu legado uma referência consistente do que você diz e faz, e que está alicerçado na solução do cliente. Com o passar do tempo, da prática e do conhecimento no assunto, acabará se tornando um ícone do seu negócio. Você está em primeiro lugar para seu cliente, e um vendedor da grife C.O.U.G.A.T.I. sabe bem o que isso quer dizer.

Nunca podemos deixar de lado que um verdadeiro vendedor da família C.O.U.G.A.T.I. vende o que tiver que vender. Claro, desde que se sinta em condições e que tenha efetivamente comprado tal produto. Mas o mais importante é que isso de nada adianta se você não assumir que o produto ou o serviço sempre virá em segundo lugar. Novamente cabe lembrar: as pessoas vêm antes das coisas.

Algumas perguntas ou reflexões para escrever ou simplesmente pensar sobre o assunto. Sugiro escrever para registrar seus pensamentos.

VENDEDOR C.O.U.G.A.T.I.

ESTE REMÉDIO É MUITO EFICAZ PARA EMAGRECER!

Alguma vez você já percebeu que perdeu uma venda pela falta de garantia, credibilidade e confiança em uma apresentação de venda? Cite ao menos três sentimentos seus, em caso positivo, e o que acredita ter sido o fato gerador para essa falta de garantia ou confiança. Seja o mais honesto possível, pois eu já perdi, sim, e muitas vezes isso ocorre pela falta de maturidade ou ansiedade na apresentação, prejudicando o resultado final, que é vender com qualidade. Mas saber quando se erra já é alicerce para o resultado futuro. O fracasso e o sucesso sempre andam juntos e dependem simplesmente do ponto de vista de quem vive a situação.

1-

2-

3-

O que mais você poderia fazer para que em suas apresentações de venda os clientes se sentissem ainda mais garantidos por você como profissional? Cite pelo menos três ações que lhe venham à mente nesse momento.

1-

2-

3-

Quantas vezes você chegou atrasado e isso fez com que sua apresentação não tivesse o mesmo valor e garantia profissional? Por favor, só não escreva que é frequente! E não minta para si mesmo dizendo que nunca chegou atrasado, pois é claro que isso já ocorreu. Pelo menos uma vez. A informação precisa e a garantia de futuro são geradas sempre no presente em que os pensamentos são produzidos.

Na sua compreensão, quantas vendas foram feitas por você nas quais o cliente perguntou apenas "onde assino?", pois gerou a maior garantia e confiabilidade possível como profissional de vendas? Esses casos, na prática, são rotineiros e naturais para um vendedor da família C.O.U.G.A.T.I. Eu sou a maior garantia do produto que vendo. Sempre estarei na frente do produto ou serviço que ofereço aos clientes.

_____

_____

_____

VENDEDOR C.O.U.G.A.T.I.

Quando nossa imagem e lisura profissional estão baseadas em garantir o que realmente vendemos, tudo se torna mais simples. Porém, você deve ser ainda mais cuidadoso para se manter na mesma linha de entendimento, afinal qualquer escorregão poderá colocar fora tudo o que tenha feito durante sua carreira profissional, mesmo que seja da família C.O.U.G.A.T.I. Ninguém está livre de um equívoco de ser ressignificado, mas tenha muito cuidado, pois reputação tem valor e garantia de passado, presente e futuro.

Toda vez que sai para trabalhar, você concorda com o fato de que o cliente deseja a garantia e a confiabilidade daquilo que você vende? Por que dessa resposta? Não teria outra para dizer?

Sua maneira de se vestir é adequada ao produto ou serviço que vende? Seria possível estar acima da média para ser visto como valor agregado pelo cliente? Afinal, o que não é visto não é lembrado. Claro, sem extravagâncias nem inconsistências da sua própria história.

Você consegue visualizar alguma outra forma de gerar mais garantia ao cliente? Se não, tente encontrar pelo menos três.

1-

2-

3-

Quais as reais garantias que você, profissional, oferece a seu cliente ao comprar seu produto ou serviço? Se for somente a da fábrica, de nada tem valor, pois é obrigação no mercado.

_____

_____

_____

O que diferencia você do mercado ao se tratar de garantias pessoais e profissionais? Cite pelo menos três que acredito que deva saber.

1-

2-

3

Fique sempre por dentro do que os seus concorrentes estão gerando de novas garantias. E, claro, nunca copie na íntegra, mas remodele do seu jeito, pois existem valores como confiança, índole e ética que não podem ser copiadas, pois são próprios de um verdadeiro vendedor C.O.U.G.A.T.I.

O poder de garantir é o poder de sustentar sua história como vendedor e como profissional de sucesso, de saber que sempre, independentemente do que ocorrer com seu produto ou serviço, você estará a postos para servir seus clientes, seja da maneira e da forma que for.

CAPÍTULO A

CAPÍTULO A

Essa letra deve ser tratada com verdade absoluta por parte do vendedor da família C.O.U.G.A.T.I., pois sem ela não seria possível seguir rumo à vitória e à conquista tão desejadas por parte do profissional.

O que talvez possa ser a primeira letra do alfabeto? O que dentro do seu princípio seria possível escrever e qual palavra deve fazer parte do verdadeiro vendedor da família C.O.U.G.A.T.I.? Algumas coisas merecem ser analisadas e vistas de ângulos diferentes, pois ser diferente de forma positiva faz a diferença.

Não seria possível classificar o vendedor da família C.O.U.G.A.T.I. se esquecêssemos a palavra acreditar, muito falada no Grupo em que atuo pelo amigo e sócio, Emerson Costa.

A crença sempre foi e sempre será tão poderosa quanto o conhecimento, pois de nada adianta saber sem crer que é possível aproveitar o conhecimento em prol do sucesso e das conquistas absolutas da vida de um vendedor da família C.O.U.G.A.T.I. Acreditar antes mesmo de ter conhecimento sobre o assunto pode agregar um valor imensurável àqueles que buscam algo a mais em sua carreira de vendedor. Pode ser a cereja do bolo, como diz o autor Beto Carvalho em livro homônimo.

Não seria nada possível levar milhares de portas na cara durante nossa carreira de vendedor sem que tivéssemos a crença de que isso não passa de oportunidades de aprendizado e crescimento. Quanto na realidade perdemos toda vez que somente acertamos sem passar pelas dificuldades que nos fazem buscar novas e melhores alternativas? E quantas vezes, a cada dificuldade encontrada, encontra-se uma solução no futuro?

Acreditar leva um vendedor simples que vive no meio da massa a ocupar lugar de destaque na grife do vendedor da família C.O.U.G.A.T.I. O poder de ter a certeza de que nada vai mudar o caminho incorporado pelo profissional e que ele vive para fazer o bem não tem preço no mercado, seja qual for.

Que tipo de profissional você gostaria que tivesse na sua empresa? Aquele que acreditasse em si mesmo ou aquele que precisa de um empurrão para acordar todos os dias e ir trabalhar na busca incansável e incessante do sucesso e de seus desafios? Segurar leão ou empurrar camelo?

VENDEDOR C.O.U.G.A.T.I.

A cada vez que falo dessa pequena palavra sinto que ela está cada dia mais viva na mente de um vendedor da família C.O.U.G.A.T.I. Ela é capaz de produzir e estimular o projeto mais desafiador, o maior e mais difícil cliente, o mais poderoso produto, mas que ainda não possui história de sucesso.

Claro, sempre com sucesso no final. Nada tem mais valor do que a união de crença e conhecimento. E nada mais justo do que o poder estar compartilhado com aqueles profissionais que sabem o quanto acreditar pode mudar suas próprias vidas.

Sem a crença, nada seria possível conquistar, nada seria possível criar e nada certamente seria possível vender. Eu, verdadeiramente, honro a história de homens e mulheres que fazem a diferença com suas crenças e suas maiores verdades. Afinal, mesmo provavelmente não sendo vendedores, fazem parte pelo menos com essa letra da família C.O.U.G.A.T.I.

A profissão de vendedor realmente está na sua vida como fator-chave para suas conquistas e sucesso? Você de fato acredita nisso? Tem certeza? De verdade? Mesmo? Então cite cinco motivos pelos quais ser vendedor e entrar para a família C.O.U.G.A.T.I. pode fazer toda a diferença na sua história.

1-

2-

3-

4-

5-

Já dizia a grande palestrante Leila Navarro: "a vida não tem ensaio, é uma contínua estreia". Então, o que está esperando para acreditar em si mesmo? O sucesso o espera e a família C.O.U.G.A.T.I. está de braços abertos para receber mais um membro. Junte-se a nós!

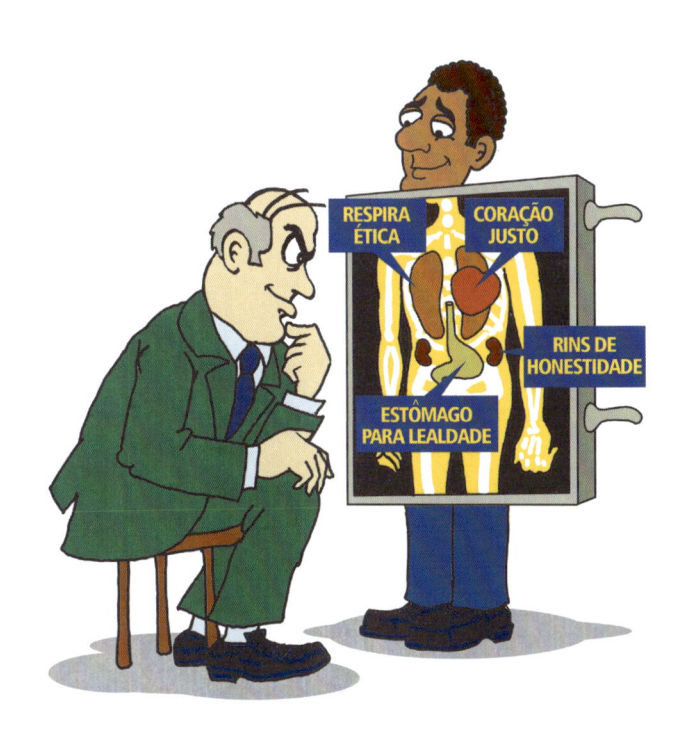

CAPÍTULO T

CAPÍTULO T

Estou tentando decifrar na prática e da forma mais simples o que representa cada letra de um vendedor da família com a grife C.O.U.G.A.T.I., mas certamente teria a possibilidade de utilizar quase todas as letras do alfabeto. Então, chegamos à letra T que, por sinal, sem ela, não teria como essa família existir e ser quem na verdade é. A melhor maneira de mostrar a seriedade de um profissional dessa família é ser transparente.

Um vendedor da família da grife C.O.U.G.A.T.I. nunca pode perder a transparência de seus atos, sejam eles da forma que for. Independentemente do que ocorrer em uma venda efetiva ou em uma negociação, ser transparente pode ser a diferença entre o sucesso ou o fracasso nesse negócio.

Sabemos que nem sempre vendemos e nem sempre ganhamos quando se trata de negócios e vendas, mas ser transparente e dar de forma clara a verdadeira realidade dos fatores, eleva ainda mais o nível de como um vendedor da família C.O.U.G.A.T.I. é visto perante o mercado em que atua.

Digo que ser transparente nos distancia muito da grande massa de vendedores que existe no mercado. Devemos tratar nossos clientes como gostaríamos de ser tratados. Essa é a chave de ouro para o mercado de vendas diretas. Estou falando, sim, de transparência verdadeira com o cliente, que saberá avaliar no momento certo se o que vale mais é deixar ser ludibriado e achar que tudo é uma maravilha na hora da contratação, ou saber que seu produto ou serviço não possui todas as necessidades, interesses e desejos. Quando ele se lembrar de um vendedor de alma e conduta ilibada, certamente recordará de sua precisão e transparência. Afinal, esse cliente certamente terá muitas recomendações para lhe oportunizar, pois sempre existe alguém que precisa ou necessita ser despertado quanto ao processo de compra de seu produto ou serviço que comercializa. Ser transparente é ser verdadeiro com seu cliente, é ser justo, correto, claro e ainda mais pensar efetivamente que o mundo não acaba quando a venda é efetuada, assinada ou contratada. Sim, ela se inicia para que uma duradoura relação de negócio e parceria estreite ainda mais e potencialize ainda mais para todos os lados envolvidos e interessados.

Não conheci nenhum vendedor até hoje que, sem transparência nas suas relações com o cliente, seja empresa, seja pessoa física, e que ainda tenha um colegiado nas decisões, tenha tido sucesso na sua vida profissional. Ser um vendedor da família C.O.U.G.A.T.I. é isso: ser diferente mesmo que tenhamos que fazer mais visitas do que os outros, sofrer mais do que os outros vendedores. Ser da família da grife C.O.U.G.A.T.I. é não ter nada a temer nem a esconder de seus atos e ações. É ser verdadeiramente diferente. É voltar a uma visita com a certeza de que é uma recomendação ou simplesmente um esclarecimento de dúvidas. Isso, sim, é ser C.O.U.G.A.T.I. Isso não tem preço, tem valor!

Algumas vezes podemos cometer equívocos passíveis de serem ressignificados, mas o que importa é que devemos retomar nossa essência e corrigir tudo o que foi promovido de maneira inadequada rumo à transparência total. Ser transparente é saber que tudo o que dizemos e agimos, no presente ou no futuro, terá reflexo direto em nossas vidas, sejam pessoais, sejam profissionais. Você é responsável pelas suas verdades! Mas qual é mesmo sua maior verdade e seu maior legado?

Agora pense um pouco se você gostaria que um vendedor qualquer ou um vendedor da família C.O.U.G.A.T.I. lhe oferecesse um produto ou serviço. É lógico que ter a grife de um vendedor C.O.U.G.A.T.I. não tem preço e sim um valor imensurável, para o mercado, clientes e sociedade. Alguns questionamentos devem ser feitos e refletidos. São eles:

Quem você recorda na sua história profissional de vendedor que sempre tinha problemas de transparência com os clientes e reclamações promovidas contra ele? Por acaso, você gostaria, nesse momento, de estar no lugar dele e dos clientes que assim foram lesados? Então, o que tem a dizer desse profissional? Que palavra usaria para caracterizá-lo nesse momento? Só uma palavra e a que mais lhe deixa confortável.

———————————————————————
———————————————————————
———————————————————————
———————————————————————

Certamente você já deve ter se deparado com profissionais de alto padrão como vendedores de sucesso. Esses estão melhores ou piores que a grande massa que pensa somente em ganhar seu dinheiro e comissão e nada mais, além de prejudicar a empresa, sua própria marca e reputação?

_____
_____
_____
_____

Quantas vezes você acreditou totalmente em quem estava lhe vendendo algo (agora você no lugar do comprador)? Lembra? Se pudesse, você escolheria outro vendedor ou gostaria novamente de ficar com dúvida sobre o que estava sendo dito pela suposta malandragem negativa dele?

_____
_____
_____
_____

VENDEDOR C.O.U.G.A.T.I.

Cite ao menos cinco pessoas e escreva ao lado que tipo de produto ou serviço comercializam que tenham tido sucesso como profissional de vendas independentemente do setor e ramo, mas que você tenha algum contato. Não encontrou? Por quê? Elas são transparentes ou não? Reflita agora sobre o que escreveu e tire suas próprias conclusões se é ou não vantagem ser um vendedor da família C.O.U.G.A.T.I.

1-
2-
3-
4-
5-

Você acredita realmente que ser transparente pode fazer toda a diferença na sua trajetória como vendedor? Então cite cinco atitudes que poderão melhorar sua marca pessoal como vendedor da família C.O.U.G.A.T.I. junto aos seus clientes.

1-
2-
3-
4-
5-

No seu ponto de vista, seria possível criar cinco frases sobre o que significa para você a palavra transparência? Então escreva abaixo.

1-
2-

3-

4-

5-

Lembra-se de algum vendedor que não tinha transparência nas suas vendas? Onde ele está hoje? Pior ou melhor do que um vendedor da família C.O.U.G.A.T.I. poderia estar?

É disso que falo e a que me refiro, pois nada melhor do que ser transparente com você, com seus clientes, com sua família, com seus negócios e com sua própria história de vida. Tudo começa pela transparência e pela clareza das coisas. Neste mundo, o mal nunca vencerá o bem, e o bem em se tratando de vender é que nunca um vendedor da família da grife C.O.U.G.A.T.I. perderá a batalha contra vendedores comuns e medíocres, que buscam a ilusão e se utilizam da desinformação dos clientes a fim de se beneficiar.

CAPÍTULO I

CAPÍTULO I

Chegamos à última letra da grife da família C.O.U.G.A.T.I. O que teríamos a dizer sobre a letra I? Confesso que eu mesmo fiquei com uma dúvida sobre ela, mas encontrei a melhor palavra. Como afirma um artigo que escrevi recentemente: quanto mais dúvida, mais acertada será a solução!

Conhecimento

Organização

Utilidade

Garantia

Acreditar

Transparência

I?

Na verdade, nada teria valor para um vendedor da família C.O.U.G.A.T.I. se não houvesse uma pequena palavra nessa grife: insistir.

Uma pequena palavra com poder avassalador para quem deseja se tornar diferenciado na carreira de vendedor.

A letra I representa nunca desistir, nunca se render, nunca deixar de seguir rumo aos desejos, objetivos e metas que um verdadeiro profissional da família C.O.U.G.A.T.I. possui. Lógico que há um limite para não se tornar desagradável e criar desconforto para o cliente com tanta insistência, mas sempre é possível tentar mais uma vez, sabendo que todos os passos anteriores foram realizados da melhor forma possível.

Quantas vezes você conseguiu efetuar uma venda depois do quinto, sexto, sétimo e oitavo nãos recebidos? Vários, creio eu! Então, essa é mais uma prova de que a insistência deve estar sempre presente na vida de um vendedor da grife C.O.U.G.A.T.I.

Algumas perguntas devem ser feitas nesse momento e que certamente serão avaliadas de forma positiva por você. São elas:

Qual a quantidade de "não" você ouve diariamente e se mantém firme no propósito de seguir rumo a seu estado desejado (vender como solução positiva para seu cliente)?

Qual foi o cliente que mais levou você a insistir de que realmente o produto ou serviço era bom para ele até o ponto de ele se convencer e efetivar a compra? Lembra-se do seu nome? O que aprendeu com ele nesse caso? Cite três coisas que mais lhe chamam atenção nesse fato.

1-

2-

3-

VENDEDOR C.O.U.G.A.T.I.

Quantas vezes na sua vida profissional a insistência fez toda a diferença para uma mudança mais positiva? Foi da maior quantidade de vendas em um só lugar ou do maior valor médio de vendas até então que sua empresa já fez? Cite então de forma breve e simples para não mais esquecer que a insistência é uma grande aliada do vendedor C.O.U.G.A.T.I.

_____

_____

_____

Cite agora quatro fatos mais marcantes de sua história em que a insistência, seja na vida pessoal, seja na profissional, fez a grande diferença:

1-

2-

3-

4-

Quantas e mais quantas situações que vivenciamos não seriam possíveis solucionar se não insistíssemos de maneira mais firme ao propósito? Em minha carreira de vendedor e na essência da minha história profissional, não seria possível sequer conquistar os mais simples objetivos sem que, para isso, tivesse que visitar por diversas vezes os mesmos clientes, mesmo em momentos bastante distintos e alternados. Mas um dia, quando de minha total convicção e repassando todas as letras de um vendedor da família C.O.U.G.A.T.I., o resultado apareceu na prática.

Atrevo-me ainda a dizer que se não tivesse utilizado e mantido minha insistência certamente não teria tido êxito ao que estava me propondo. A frase "desistir nunca, render-se jamais" deve estar estampada no rosto de um vendedor de nossa família. Insista sempre, mas com a sensibilidade necessária para recuar momentaneamente se necessário, e no momento oportuno retome com toda a força e vigor a fim de conquistar o que mais um vendedor da família C.O.U.G.A.T.I. deseja: a venda perfeita. Já sabemos que para sua consolidação foram utilizados o conhecimento, a organização, a utilidade, a garantia, o poder de acreditar ser possível, a transparência e, ao final, a insistência de que nunca se termina enquanto não se chega à efetivação de uma venda. A venda! Aquela poderosa venda que faz sentir prazer, dor, alegria, ainda mais paixão pelo seu negócio e todas as emoções por elas passadas a fim de que fosse possível a grande conquista. Sinta você mesmo! Você é um C.O.U.G.A.T.I. e merece todo o sucesso!

Bom trabalho.

DOAÇÃO INTEGRAL PARA O TIME

DOAÇÃO INTEGRAL PARA O TIME

Agora que já sabe o que significa C.O.U.G.A.T.I. e o que representa, devemos falar sobre como um vendedor dessa família age perante seu time.

Não existirá equipe melhor no mundo se todos os membros forem dessa família da grife C.O.U.G.A.T.I., pois o grande princípio de um vendedor C.O.U.G.A.T.I. é sempre, independentemente do que for e do que ocorrer, estar disponível para o bem maior do time que participa e que representa. Nunca um vendedor dessa grife se achará o único ou o melhor de todos sem que, para isso, tenha tido a consciência que cada um no time merece o devido respeito e é responsável pelo menos por uma parte do seu sucesso.

Tem-se a certeza de que ninguém faz nada sozinho. Por isso, a frase que uso e faz todo o sentido para essa família de sucesso: juntos somos um! Doação para o time é parte essencial daqueles que sabem o quanto colaborar para o coletivo é fator predominante para que o sucesso aconteça e que poderá ser ainda maior com o apoio de todos os envolvidos.

Um vendedor da família C.O.U.G.A.T.I. sabe que um dia alguém também se doou para que hoje pudesse chegar onde está com seu time de sucesso. E que o olhar para trás, na verdade, é perceber que o futuro será projetado e preparado para o sucesso ainda maior. Ele vive intensamente fazendo sua parte e tem a certeza de que, no final, o potencial de cada membro dessa família eleva ainda mais o CNPJ, constituído por excepcionais CPFs que fizeram toda a diferença.

A grande frase "uma andorinha sozinha não faz verão" é mais forte nesse modelo de negócio chamado time de verdadeiros profissionais de vendas. O poder de compartilhar sempre foi mais poderoso do que receber. Dessa forma é que um vendedor da família C.O.U.G.A.T.I. deve estar sempre à disposição do seu time, facilitando e compartilhando novas e melhores alternativas para naturalmente ser considerado uma pessoa de valor. A frase que diz colaborar sem se prejudicar é colaborar, se encaixa muito bem nesse contexto, porque de nada adianta se dispor a ajudar com efeitos colaterais.

Algumas perguntas devem ser feitas, como, por exemplo:

Quantas vezes você destinou seu tempo durante um mês para compartilhar seus conhecimentos com seu time, sua empresa e seus colegas?

_____

_____

Quando iniciou suas atividades, você lembra quem foi seu anjo lhe guiando para melhores e mais precisas formas de trabalho e desenvolvimento? O que você aprendeu com essa pessoa? Descreva rapidamente o que fez a diferença na sua carreira.

_____

VENDEDOR C.O.U.G.A.T.I.

_____

_____

_____

Você se acha capaz de colaborar para o crescimento de seus colegas e de seu time com o objetivo de se tornar necessário e importante para sua empresa, independentemente se for ou não empresário? Então cite três grandes adjetivos que você tem ou acredita ter que seriam úteis para seu time.

1-

2-

3-

Toda vez que se depara com novatos na profissão de vendas você se coloca à disposição para colaborar com eles ou espera necessitarem de você e lhe peçam?

_____

_____

Se o mundo acabasse hoje, quantas pessoas no seu negócio diriam que você foi importante na sua história profissional? Ou que você tenha deixado um legado para elas?

_____

_____

_____

O poder de perguntar e refletir é mais poderoso do que somente responder. Assim, cabe uma reflexão profunda: você se doa ou não para o seu time e para as pessoas que fazem de você uma pessoa extraordinária e a cada dia muito melhor?

_____

_____

_____

_____

POTENCIALIZAR OS PONTOS FORTES

POTENCIALIZAR OS PONTOS FORTES

Uma grande questão que deve ser levantada e de importante reflexão é por que existem profissionais que buscam trabalhar para se desenvolver somente nas habilidades que não têm tanta competência ou expertise deixando de lado os aspectos positivos na profissão de vendedor. Sabe responder a isso você mesmo?

Um vendedor da família C.O.U.G.A.T.I. sabe que não adianta tentar ser *expert* e extraordinário se não tem condições pessoais, não tem aptidão, não sente emoção e se não tem habilidade, *feeling* ou condição de ser o melhor dos melhores. O vendedor C.O.U.G.A.T.I. sempre está distante do padrão, da média e do básico. Para que tratar com dor as imperfeições como vendedor se é possível potencializar aquilo que de melhor já possui?

Essa situação se torna muito simples quando encontramos profissionais de vendas que querem ser tudo. O melhor questionador, o melhor em fechamento, o melhor em levantamento de necessidades, o melhor em apresentação, o melhor em escutar, falar, convencer etc. Não existe a possibilidade de sermos extraordinários em tudo e ao mesmo tempo.

Você já ouviu falar de vendedores chamados abre ruas e outros que pavimentam? É disso que estou falando! Qual o seu estilo?

Existem situações nas quais somos espetaculares e ninguém pode ser comparado a nós no que fazemos. Claro que sempre poderá haver alguém melhor do que nós, pois o segredo disso é a modelagem, mas o ideal é sempre optar por aproximadamente cinco características que você acredita ser bom e potencializá-las diariamente e permanentemente na sua carreira. Cite-as abaixo:

1-

2-

3-

4-

5-

Um exemplo simples: muitas vezes você já deve ter se deparado com vendedores que conhecem muito aquilo que vendem, mas não têm a capacidade necessária para uma apresentação essencial a fim de destacar o interesse do cliente. Não estou falando aqui de fechamento, pois este acredito que é um dos únicos casos em que, mesmo não sendo bom, deve pelo menos ter o mínimo de condições para atuar no segmento de vendas, ou não seria vendedor. Trata-se de situações nas quais se revelam o lado frutífero do indivíduo, o qual deve ser investido e desenvolvido.

Invista seu tempo desenvolvendo suas potencialidades com objetivo de se distanciar de suas maiores fragilidades. Sempre e a cada momento passamos a ter novas e melhores alternativas de nos desenvolver naquilo que já somos bons. Afinal, atraímos aquilo que pensamos permanentemente. Trata-se de um fato real. Um vendedor da família C.O.U.G.A.T.I. realmente acredita nisso.

O LIMITE SERVE PARA SER SUPERADO

O LIMITE SERVE PARA SER SUPERADO

Um vendedor da família C.O.U.G.A.T.I. tem a premissa de que o limite serve simplesmente para ser superado. Nada se mantém no mesmo lugar sem que seja superado por muito tempo. Mesmo que não seja feito por você, o limite será superado por alguém.

O grande limite de cada vendedor C.O.U.G.A.T.I. é muito próprio e deve ser tratado de maneira muito pessoal, pois ninguém melhor do que cada um de nós para saber nosso verdadeiro limite. E qual o seu limite? Já pensou sobre isso na sua profissão? Neste momento, teria como avaliar se seu limite está próximo de mudanças necessárias para seu crescimento ou se já ultrapassou a condição para ingressar em um novo ciclo profissional?

Alguns limites devem ser vistos atualmente e investigar qual a possibilidade real de serem superados. Vejamos: Qual o limite máximo de visitas que você já conseguiu fazer na sua carreira de vendedor? Seria plausível superar esse número em, pelo menos, mais 10%, 20% ou 30%? Viu como se torna simples se bem aplicada a compreensão?

Se a cada vez superarmos em 10%, logo teremos a possibilidade de ultrapassar os limites e atingir sobremaneira nossa própria superação, ou melhor, dobrar os resultados. Vendo por esse ângulo, faz algum sentido verdadeiro e possível para você? Você acredita mesmo, lá no seu íntimo, que é possível superar a si próprio, sem que para isso tenha de olhar para trás e dizer que é melhor do que os outros?

Outra verificação que pode fazer na sua carreira é se o seu limite de conhecimento chegou ao fim. Lógico que não! Então, o que está esperando para buscar mais conhecimento e informação sobre os assuntos que irão distanciá-lo da massa mediana de vendedores no seu segmento? Se você não buscar o seu próprio crescimento e desenvolvimento, certamente não irá ser diferenciado nunca. Disse nunca!

Talvez você imagine que superar a si mesmo não seja uma tarefa fácil pela inexistência de parâmetros, mas esse problema não existe se souber suas fragilidades e pontos de melhoria. Dessa forma, saberá o que trabalhar.

Enfim, um verdadeiro vendedor da família C.O.U.G.A.T.I. tem uma grande frase que é: superar a si mesmo é muito mais gratificante do que superar o melhor até então já visto. Mas para isso deve sentir que o mais poderoso do mundo é você mesmo! Os fatos devem sempre mostrar que o poder está dentro de você e que seu sucesso ou fracasso dependem somente do que você faz ou não para merecê-los. Simples assim!

VENDEDOR C.O.U.G.A.T.I.

Então, convido você a acreditar que é sim possível ultrapassar os próprios limites. E falo isso com toda a propriedade possível pelo que tenho vivido em minha carreira profissional e pessoal. Tudo por um legado maior. Qual o maior legado de sua vida profissional? Já tem de forma clara essa definição? O que deverá ocorrer para que seu legado, na prática, possa ser visto? Porque o que não é visto não é lembrado. O que pensa disso?

Sofredor, vendedor e vencedor sempre, de alguma forma, andaram ou andam juntos na conquista do extraordinário e do valor efetivo agregado.

O DESGASTE REVITALIZA

103

O DESGASTE REVITALIZA

Quando vejo profissionais de vendas falarem que o desgaste acaba com o seu dia, confesso que fico um pouco incomodado. Afinal, o que é e o que podemos chamar de desgaste?

Na verdade, tudo o que fazemos e que sentimos desgaste na vida de vendedor nada mais é do que mais um dia de cumprimento de ações e de resultados. Nada acontece por acaso! Os fatos demonstram essa verdade na vida de um vendedor da família com a grife C.O.U.G.A.T.I.

Uma das coisas que tenho a grande convicção é que toda vez que passamos por desgaste é sinal de que nos revitalizamos e, assim, passamos a ter consciência de mais um dia de dever cumprido, tratando tudo da melhor e mais perfeita forma. Para um vendedor da família C.O.U.G.A.T.I., o desgaste é a certeza de que a cada dia estamos mais próximos dos objetivos, metas e conquistas que buscamos como legado maior. Tudo o que gera desgaste revitaliza os interesses e os sentimentos de estar no caminho certo e na busca incansável do êxito profissional.

Podemos fazer alguns questionamentos e, com eles, refletir um pouco sobre essas colocações anteriores. São eles:

Na sua profissão de vendas, quando você teve desgaste, não teve também a certeza de estar cumprindo mais uma etapa de sua história profissional?

_____

_____

_____

_____

Você consegue se lembrar do maior desgaste profissional que já teve como vendedor no seu negócio atual? Consegue recordar o que ocorreu de positivo depois desse episódio?

_____

_____

_____

_____

Cada vez fica mais claro que o desgaste revitaliza e expõe de maneira mais simples o quão próximos ficamos de nosso sucesso e de nossas conquistas. Uma vez da família C.O.U.G.A.T.I., sempre C.O.U.G.A.T.I. Depois de vestirmos essa grife, não é possível deixar de fazer parte dessa família. É como uma marca que não pode ser apagada e eliminada de nossos pensamentos e atitudes. Passamos a levar os mais valiosos conceitos e premissas de campeões de vendas e profissionais com valores e crenças que não são negociados por dinheiro algum. Ousaria até dizer que é o ápice do profissionalismo em vendas diretas!

Enfim, cabe uma simples reflexão. Depois do tornado, sempre vem um maravilhoso dia de sol. É assim que as coisas acontecem. E da mesma forma o contrário. Trata-se do natural desenrolar da vida. Mas para uma ou outra situação, o importante é que a casa seja forte, isto é, depois do desgaste, você sempre volta mais forte, mais preparado, mais experiente.

Um dos grandes poderes de um vendedor C.O.U.G.A.T.I. é saber que o desgaste sempre revitaliza os princípios e a própria alma de vendedor. Seja mais uma vez bem-vindo à família!

MISSÃO DADA É MISSÃO CUMPRIDA

MISSÃO DADA É MISSÃO CUMPRIDA

Uma das certezas na vida de um vendedor C.O.U.G.A.T.I. é que qualquer missão dada pelo time ou pela empresa será integralmente cumprida. Sempre da melhor forma possível e não ultrapassando os limites do bom senso e da verdade.

O título deste capítulo de poder avassalador e muito mais complexo do que uma frase de filme famoso pode representar exatamente a essência daquilo que um vendedor C.O.U.G.A.T.I. é capaz de fazer e de entregar quando lhe é dada uma tarefa com objetivo de trazer resultados diferenciados e até então impossíveis.

A mente de um C.O.U.G.A.T.I. ultrapassa os padrões estabelecidos pela sociedade. De fato, a ele não interessa a competição externa, ou seja, ser reconhecido como melhor do que os outros. Nada disso. Trata-se de uma inquietação no espelho: olhar-se e saber definitivamente que é capaz, que ontem teve um resultado X e hoje deverá ter X2.

A frase utilizada no filme foi feita com um objetivo diferente, mais para ameaçar por meio do medo do que realmente ser um estímulo de inteligência e de desenvolvimento pessoal. No nosso caso, trata-se de um desafio de evolução: o vendedor entende que missão dada é missão cumprida porque somente assim tem paz, satisfação consigo mesmo, crescimento. É um foco permanente de obtenção do resultado, que abre portas, ilumina caminhos e dá respostas a dúvidas até então obscuras. Ele não sai daquele caminho porque sabe que só existe aquele caminho, e nenhum outro. Só existe plano A, o resto são migalhas para vendedores pombos...

Falando agora aos líderes, nenhuma empresa deixará de concluir com êxito suas tarefas e resultados quando tiver um verdadeiro time de campeões dessa família. Claro que seria uma grande dificuldade formar somente vendedores C.O.U.G.A.T.I. em um curto espaço de tempo, mas se for possível, delegue a um deles, mesmo que no limite de tempo e responsabilidade, e tenha certeza de que se este não for capaz de fazer ou concluir integralmente, certamente não haverá ninguém mais apto no time. Leve sempre ao limite, pois é possível para quem tem essa grife e sobrenome.

Estaremos sempre na busca incansável e permanente por algo maior e ainda mais desafiador a ser conquistado e desenvolvido em nossa profissão. Ser diferente é fazer diferente, é ousar, é se permitir, é arriscar, é traduzir nossa paixão e nosso fervor focado no estado final que tanto desejamos como vendedores profissionais dessa grife, que veio para ficar e fazer a diferença no mercado em que se atua, seja ele qual for. Sempre buscaremos mais, até mesmo se a missão dada já tenha sido cumprida. Superar nossos próprios limites e de nosso

VENDEDOR C.O.U.G.A.T.I.

time é o que vale para esse terreno fértil e de muitas oportunidades que é o segmento de vendas diretas. Não importa qual a dificuldade, o tipo de terreno ou estilo de negócio. O que interessa mesmo é a superação diária, na busca permanente pelo legado maior. E este pode ser tratado como entregar o que é necessário para a conquista do sucesso.

Este é o verdadeiro resultado de um guerreiro da família C.O.U.G.A.T.I.: missão dada é missão cumprida.

O TEMPO É SEU ALIADO

115

O TEMPO É SEU ALIADO

O maior aliado de um vendedor da família C.O.U.G.A.T.I. é o tempo.

O tempo serve nada mais do que um parâmetro, pois somos atemporais, e isso pode ressignificar muitas coisas positivas.

Certa vez me detive pensando qual era a diferença entre profissionais de sucesso e profissionais de fracasso, tendo em vista que o tempo é de 24 horas de 60 minutos de 60 segundos para todos. A única conclusão a que consegui chegar era que a forma como o tempo era utilizado fazia toda a diferença.

Aquele profissional que sabe usar o tempo a seu favor certamente estará à frente da massa de profissionais que trabalham somente oito horas, não estudam novas e melhores alternativas de desenvolvimento, não leem, não escrevem, não participam de eventos que promovem contatos, não convivem com pessoas de sucesso. Vivem no seu próprio e alienado mundo, sempre da mesma forma e com as mesmas pessoas. Se olhar para trás, você se baseará em um certo momento, se olhar para a frente, verá outro universo de possibilidades. O que você prefere?

Um vendedor da família C.O.U.G.A.T.I. busca algo a mais e utiliza o tempo para ganhar diferencial no mercado. A grande realidade é que toda vez que ganhamos pelo menos uma hora por dia à frente de qualquer um, na verdade ganhamos inúmeras possibilidades de sucesso. Imagine então quanto você estaria acima do padrão se trabalhasse além da média. Faça um teste durante três meses e veja o resultado positivo e extraordinário que terá.

O tempo pode ser o maior ou o pior aliado de um vendedor, mas ao se tratar de um vendedor com a grife C.O.U.G.A.T.I., certamente esse caso será de absoluto sucesso e resultados efetivos. Nunca um C.O.U.G.A.T.I. fica incomodado com as horas, pois, como disse, nosso dia tem muito mais do que 24 horas, afinal, somos atemporais.

O SUCESSO VEM DEPOIS DA MISSÃO

O SUCESSO VEM DEPOIS DA MISSÃO

Nós, da família C.O.U.G.A.T.I., sabemos que o sucesso aparece somente depois da missão cumprida, e que até lá o trabalho e o desgaste se tornam parte integrante da caminhada que já tem final definido: o sucesso.

Quando um vendedor C.O.U.G.A.T.I. recebe uma missão, na verdade ele recebe um caminho para ser seguido com objetivo de entregar o que se espera. A grande missão nada mais é do que atingir os objetivos e metas propostas pela empresa e pelo seu time de líderes. Mas cabe refletir e aprofundar: o que é uma missão? Se o sucesso vem somente após dela, temos que ter clareza em relação ao termo.

Trata-se de uma colheita árdua, mas de valor imensurável. Pode incluir desgastes, dificuldades, imprevistos, acomodações. Olhando assim, parece que estamos falando da pior das profissões, quando na verdade é justamente o contrário.

Por acaso, o que faz uma árvore ser mais forte do que a outra? Reflita um pouco... Claro, a existência de todos os nutrientes é fundamental, concordo. Mas certamente aquela que enfrenta neve, sol, vento, chuva, tornado, insetos e o passar dos anos se constitui como superior por desenvolvimento. Terá a casca mais grossa, as raízes mais profundas e arraigadas na terra, respirará ventos mais altos inatingíveis a árvores medianas, enfim, carregará mais vida.

Diante desse esclarecimento, fazer o básico não basta na missão. Temos que realizar o que ninguém ainda pensou e, como não temos nenhum parâmetro, pois estamos sempre buscando nossa própria superação, quando atingimos o resultado normalmente vamos muito além do esperado. A frase "não sabendo que era impossível, foi lá e fez", atribuída ao francês Jean Cocteau, serve como medida efetiva para tratar da realidade que, quando não temos limites impostos muitas vezes pela própria sociedade, criamos referenciais até então insuperáveis aos olhos comuns de vendedores e empresas que não conhecem o poder de ousar e de se permitir ir além.

Na verdade, um vendedor da família C.O.U.G.A.T.I. sabe que a missão sempre vem antes do sucesso, e que o sucesso nada mais é do que a parte mais simples da safra, a cereja do bolo. Mas a cereja só pode ser colocada se existir toda a base precedente: a massa, o recheio, a cobertura, o preparo etc.

Lembre-se sempre de que o sucesso nunca virá nem chegará antes da missão, por isso construa o passo a passo como a receita do bolo, com paciência, eficácia e eficiência. Uma dica: pesquise no dicionário a diferença entre estas duas últimas palavras para incluir na sua rotina de vendedor C.O.U.G.A.T.I. Buscar formas alternativas de fazer as mesmas coisas é a atitude que permite enriquecer o conhecimento, tornar a estrada prazerosa e se reinventar para aumentar a cada dia de trabalho.

CONCLUSÃO

CONCLUSÃO

Quando um autor se propõe a escrever, palestrar ou ensinar os outros, como avaliar a utilidade e funcionalidade daquilo que ele apresenta? Se busco algo no mercado para ajudar efetivamente em meu desenvolvimento profissional, como selecionar em meio a milhares de textos que apenas prometem? Afinal, como investir sem errar?

A vida ensina que um dos maiores valores de um homem é a experiência. Nada supera o vivenciado, o aprendizado na própria carne, que penetra profundamente até nunca mais sair. Estou falando de um conhecimento real, não aquele proposto por autores que leem, leem e leem, mas que nunca se levantaram da cadeira para comprovar se de fato aquilo que propõem funciona, dá resultado, tem valor.

Por isso, essencialmente, minha autoridade para elencar as habilidades e competências de um vendedor exclusivo no mercado veio do pior produto a ser vendido: seguro de vida. Tenho quase dez mil visitas, 700 vendedores formados, 15 mil treinados e começando do zero. Porque eu trilhei a estrada para comprovar. E se compartilho isso aqui com você, caro leitor, é porque acredito que aquilo que tem valor deve ser difundido, ensinado, semeado eternamente. É certo que um vendedor completo não se resume a sete letras. Não se trata de uma prepotência minha querer definir o melhor profissional do mundo. Como já dito, tudo é um percurso individual. O que reitero é que com esse conjunto de elementos se ascende a um patamar diferenciado, a partir do qual se vislumbram novos e maiores horizontes para a construção de valor na sociedade.

Agora, naturalmente, você deve estar se perguntando o porquê desse nome, você verá que a analogia proposta faz todo o sentido, sobretudo por se tratar de uma experiência pessoal, da qual emergiu a luz para compor uma proposta de valor a todos os vendedores deste país. Como citei anteriormente, eu teria todas as letras do alfabeto para falar de um vendedor dessa família, mas asseguro que a seleção feita será sempre relembrada e ajudará a orientar as habilidades necessárias para uma prática rumo ao sucesso e à excelência profissional.

Tudo começou pelo fato de que, em minha casa, sempre foi comprado o creme dental da marca Colgate. Diversas vezes, ao entrar no banheiro para escovar os dentes, deparava-me com a embalagem no finalzinho, totalmente espremida e dobrada e, aparentemente, vazia, impossível de se extrair qualquer miligrama de pasta dental. Contudo, mesmo no limite, sempre consegui retirar a quantidade suficiente para atingir minha meta e obter a solução desejada: escovar os dentes. Não sei se isso se deve à sua intensidade, consistência na embalagem, elemento técnico ou químico, o fato é que nunca fiquei na mão, mesmo acreditando que seria impossível extrair o mínimo do seu conteúdo.

Certo dia, ocorreu-me a ideia de que se eu encontrasse profissionais que não me deixassem na mão quando o time e a empresa mais precisasse, certamente teria o melhor e mais qualificado time. Foi uma conclusão lógica. E hoje acredito que estamos cada vez mais no caminho da excelência na venda direta com um produto nada comum em nossa organização: seguro de vida.

Antes que alguém infira que eu tenha sido patrocinado ou apoiado pela marca do creme dental, registro que não. E nem tenho interesse. Quis somente aprofundar como tudo isso ocorreu e tirar uma lição para fazer toda a diferença na qualificação de times de venda. Na verdade, se não tivesse vivenciado o que passei com o creme Colgate, não teria tido a ideia iluminada de formar uma família da grife C.O.U.G.A.T.I., composta por profissionais nos quais sempre se pode confiar, que entregam o que prometem, mesmo nas maiores dificuldades, e que sempre colocam o cliente como base para as suas conquistas.

Para concluir a analogia, qualquer produto superior surpreende no final das contas. No caso do creme dental, foi o fato de ainda me ser útil quando parecia impossível. Transpondo essa lógica para profissionais de venda, quem tem um vendedor da família C.O.U.G.A.T.I. certamente estará bem servido e amparado de todas as formas, com transparência, compromisso, responsabilidade, solução, garantia, verdade e tantos outros atributos de valor para o mercado. O líder que tem um vendedor C.O.U.G.A.T.I. no time sempre poderá contar com ele, pois o resultado aparece. Esse é o C.O.U.G.A.T.I. na essência. Simples assim.